MÉMOIRE JUSTIFICATIF

D'UN

PROFESSEUR DE MUSIQUE

A PROPOS

DE SON EXCLUSION

DU

CONSERVATOIRE DE NIMES

NIMES

IMPRIMERIE ROGER ET LAPORTE
5, place Saint-Paul, 5

1879

MÉMOIRE JUSTIFICATIF

Comment un Professeur commence et comment le fait finir une intrigue habilement ourdie ?

TEL EST LE TITRE QUE J'AI CRU DEVOIR METTRE EN TÊTE
DE MA JUSTIFICATION.

Plus habitué à manier l'archet que la plume, malgré mon incompétence dans l'art d'écrire, je me dois à moi-même, je dois au public bienveillant et éclairé qui n'a cessé jusqu'à ce jour de m'entourer de son estime, de lui faire connaître les motifs nullement fondés qui ont décidé, par ordre, ma retraite du Conservatoire de Nimes. Cette mesure brutale et insolite m'impose l'obligation de demander à l'opinion publique si j'ai mérité cet excès d'indignité.

Un mot sur mon passé. Je suis entré à l'orchestre du Grand-Théâtre de Nimes comme deuxième violon. J'eus le bonheur d'avoir deux guides éclairés dans M. Clauzel père, qui tenait le premier pupître des deuxièmes violons et dans son frère aîné qui était à la tête des premiers violons. Encouragé par leurs précieux conseils, je travaillai sérieusement pendant cinq ans, et je fus trouvé capable de devenir premier violon. Ce nouveau poste m'ayant mis en évidence, je dus redoubler d'ardeur. De nombreux élèves se groupèrent autour de moi. Je supplie le public de vouloir bien m'accorder toute son indulgence, ou du moins un peu d'attention, si je l'occupe ainsi de mon humble personne, car il n'y a rien de plus difficile que de parler de soi-même; il faut en effet deux fois plus d'esprit et de courage pour dire du bien de soi que pour dire du mal des autres.

Passionné pour la musique, secondé par des élèves intelligents, je crus alors rendre un véritable service à l'art musical et à la ville de Nimes en créant une Société philarmonique. Ce projet réussit au-delà de mes espérances. Tout Nimes accourait à nos concerts populaires. Je laisse à ceux qui y ont assisté le soin de rappeler les succès éclatants, les résultats incontestables de cette Société musicale. Dès lors, je fus appelé à exécuter le premier concerto de Bériot qui me valut les compliments du célèbre Tamburini dans le concert qu'il donna à Nimes.

En 1841, la place de violon-solo me fut proposée. Mon premier soin fut, *en bon confrère*, d'aller trouver M. Buxo, qui tenait cet emploi, pour m'assurer s'il était vrai qu'il quittât volontairement ce poste (1). Il me fit part de l'intention qu'il avait de conduire la partition et insista vivement pour que je fusse appelé à l'honneur de le remplacer. J'acceptai dès lors la place de violon-solo et cela *sans faveur et sans intrigue*.

De 1841 à 1869, je suis resté violon-solo. J'aurais con-

____

(1) Délicatesse qu'on n'a pas eue à mon égard.

tinue à remplir cet emploi difficile, si une insulte grave de la part de M. Allié, directeur du Théâtre, ne m'eût obligé à rompre avec lui ; et je fis le serment que je ne serais jamais son pensionnaire. M. Brunet, chef d'orchestre à cette époque, fut avisé du fait, ainsi que l'autorité municipale, qui décida que je conserverais mon poste de professeur au Conservatoire, quoique je ne fisse point partie de l'orchestre du Théâtre.

En 1876 et 1877, M. Montaubry, obtint le privilége de Directeur. Il m'offrit un traitement dérisoire. J'aurais accepté, si l'article 12 du règlement, que l'on m'accuse d'avoir violé, eût alors existé, et qui décide qu'en cas de différent, le professeur s'oblige à accepter l'arbitrage du maire. Je ne pouvais pas invoquer cet arbitrage, puisque le règlement du Conservatoire n'avait pas encore vu le jour ; et cependant, la Commission, dans son rapport, m'accuse d'avoir bravé l'article 12, *qui n'existait pas*.

Arrive ensuite M. Borsa, qui amène avec lui un violon-solo. Il ne me fait aucune proposition. Il faut remarquer toutefois que le directeur du Théâtre n'est pas tenu de prendre les professeurs de notre Conservatoire. Je ne suis donc pas ici répréhensible, puisque mon concours n'est point réclamé et n'est pas nécessaire.

M. Allié est appelé de nouveau à la direction du Grand-Théâtre pour la campagne de 1878-1879. L'autorité municipale m'autorise à ne pas être au Théâtre sous sa direction. J'étais couvert par cette autorisation légale. (1)

Mais voici que surgit un fait incroyable, *et pourtant vrai*.

M. Lafont est nommé directeur du Grand-Théâtre de Nimes pour la campagne de 1879-1880. A peine arrivé à Nimes, notre nouveau directeur s'adresse à une *personne* qu'il est inutile de nommer ici, mais que tout le monde reconnaîtra. Cette personne qui a toujours eu fort peu de sympathie pour moi, lui présente M. Comtat

____

(1) Voir aux pièces justificatives nº 1, à la fin de la brochure.

pour violon-solo. M. Lafont qui connaissait de réputation M. Rouais depuis longues années, lui demande
pourquoi ce professeur ne se trouve pas sur sa liste des
musiciens présentés. Et il lui est répondu qu'il ne faut
pas compter sur M. Rouais, qui a quitté l'orchestre depuis
longtemps. C'est l'éternelle histoire de *prenez mon ours*.
Est-ce que j'ai violé l'article 12? Mais mille fois non !
puisque j'étais écarté sans que je fusse consulté.

Mais remontons à quelques années et examinons froi-
dement quelle a été ma conduite. Dès la fondation de
l'Ecole vocale et instrumentale sous le titre de *Conservatoire*, la Commision, d'une commune voix, me nomma
professeur de violon. La tâche était grande, mais non au
dessus de mes forces. Au lieu de consulter mes intérêts
privés, je ne songeai qu'à l'intérêt général de l'institution.
Je fis donc cette réflexion que, quand il y aurait six élèves
pour les autres instruments, il y en aurait vingt-quatre
au cours de violon. J'exposai mes idées et mon projet
à M. Paradan, alors Maire, et à la Commission, qui les
approuvèrent. Le budget était déjà voté, il ne pouvait
donc y avoir qu'un seul professeur de violon ; mais dési-
reux de faire réussir notre Conservatoire et de le voir
prospérer, je demandai l'autorisation de m'adjoindre un
second professeur ; et les appointements donnés à un seul
professeur furent partagés entre M. Delaruelle et moi.
Aussi, vivant dans la plus grande entente avec mon
excellent collègue et ami, nous obtînmes bientôt des
résultats inattendus, merveilleux, au point que la Commission demanda au Conseil municipal les fonds pour
les deux professeurs de violon, qui reçurent dès-lors le
même traitement. Bientôt le Conservatoire fut à même
de faire de la musique à orchestre, et à la distribution
des prix nos élèves, sans aucun secours étranger, à
l'exception des contrebasses, purent exécuter l'ouverture
d'*Haydée*, de la *Dame Blanche*, du *Cheval de Bronze*, du
Jeune Henry, de la *Pie voleuse*, l'*Hymne autrichien*,
L'invitation à la valse de Weber, des œuvres de Gounod,

le quatuor pour quatre violons, de Borer, avec accompagnement d'orchestre, le *Carnaval de Venise*, pour quatre violons, par Dancla, etc. Ce n'étaient alors que les élèves *seuls* du Conservatoire qui remplissaient toutes les parties, tandis que depuis deux ans, l'orchestre se trouve composé de *quelques* élèves du Conservatoire et *d'une foule* de musiciens étrangers, voire même de la ligne et de l'artillerie, ainsi qu'on a pu le remarquer au foyer du Théâtre lors du dernier concert. Pendant onze ans, M. le Maire, Messieurs les Membres de la Commission et tous les assistants ont entendu dans la cour du Lycée les solos de nos élèves sur tous les instruments. Chaque professeur produisait ses élèves. Ces progrès étaient réels, incontestables. Les noms des Olivier, des Chauzal, des Bourdon, des Fromentin, des Mochel, des Reisemberg, Arnaud, Bruyère, Mazoyer, Vidal, Mayer, Lévy, Bouyer, Mulder, Durand, Saunier, etc, sont encore dans la mémoire de leurs auditeurs. (1)

Jusqu'en ces derniers temps notre Conservatoire de musique avait été sous la direction d'un membre éclairé et compétent de la Commission, aux lumières duquel tous les artistes se sont plu à rendre hommage et que l'Académie du Gard a admis dans son sein. Les choses n'allaient pas plus mal sous l'impulsion vive et féconde de notre modeste vice-président ; mais une circonstance fortuite nous a valu la nomination du directeur actuel.

Un concert vocal et instrumental est organisé à l'occasion de la fête de notre illustre poète Jean Reboul. M. Pellet propose à cette époque à M. le Maire de convertir l'école communale de musique en *Conservatoire*, lui promettant d'avoir un concert toujours prêt pour toutes les circonstances. La Commission fut-elle consultée ? Je ne le crois pas. Toujours est-il que M. Pellet s'offrit comme directeur et *sans honoraires*. Notez ce

(1) Ce qui prouve péremptoirement que nous sommes capables de former de bons élèves.

dernier point ; mais voilà qu'un an après, on voit surgir une demande de 1000 francs d'appointements et bientôt après une nouvelle demande d'augmentation d'honoraires ; et 200 francs de plus lui furent alloués, alors que des professeurs du même Conservatoire, d'un mérite réel, ne reçoivent qu'un traitement bien inférieur.

La Commission avait décidé de donner sa démission, qui fut retirée sur les observations de l'autorité municipale. Peut-être cette démission aurait souri à notre directeur, qui comptait y faire arriver des hommes de son choix. Une école communale dépend du ministre, s'était-il dit, et là se trouvent des inspecteurs et des sous-inspecteurs ; j'aime mieux que cette école soit décorée du titre pompeux de *Conservatoire*, où je serai seul maître et pourrai renvoyer les professeurs qui me porteront ombrage. En conséquence, il propose un Règlement, qui est adopté par M. le maire et par M. le préfet Gueidan, le 24 mai 1877.

Quels sont les premiers actes de M. le Directeur du Conservatoire ?

Une circulaire, ou plutôt un ordre est apporté par le concierge, à tous les professeurs, pour qu'ils aient à refuser de faire entendre leurs élèves aux membres de la Commission s'ils s'avisent de se présenter. Et le malheur veut qu'ils entrent en premier lieu dans ma classe. Etait-il juste et convenable, de manquer aux convenances, aux égards dus à la Commission, qui est souveraine et doit donner les ordres et les imposer même au directeur, puisqu'elle est chargée de surveiller l'institution, professeurs et directeur ? Mes élèves furent entendus, les autres professeurs agirent de la même façon. De là, une colère sourde, qui s'est traduite par la proposition de mon exclusion.

Un second ordre nous est transmis : c'est celui d'avoir à signaler des élèves solides pour le concert qui devait être donné au foyer du Théâtre en 1878. J'avais dirigé la classe supérieure de 1877 à 1878. Cette classe, composée d'éléments insuffisants, n'offrait pas des solistes de nature à être produits, mais du moins, à défaut de solistes, nous donnaient des violons pour la musique d'ensemble, ainsi qu'il avait été convenu avec M. Pellet. Je faisais deux cours : celui de 6e année et celui de 1re année, de 1877 à 1878.

M. Clauzel, chargé de l'examen en 1878, a reconnu que l'élève Ménatory n'avait pu supporter l'examen sur la lettre M des duos d'Alard, pas plus que sur le n° 12 des 40 études de Kreutzer. Or, ce même élève n'avait pas pu travailler à cause d'une fistule à l'œil, et sa profession de coiffeur l'empêchait de suivre le cours. De là M. Pellet a tiré l'induction que j'apportais un mauvais vouloir, et la Commission, par l'organe de deux ou trois de ses membres, a déclaré que ma classe était négligée. *La Commission a dû reconnaître, par le dernier concert, l'infériorité de cet élève* (1). Quand une classe est composée de mauvais élèves, la responsabilité doit ne pas en être attribuée au professeur mais au directeur, qui nous envoie des élèves sans aptitude, sans goût et pris au hasard, comme s'il suffisait d'avoir un violon entre les mains, pour devenir un virtuose. Mais tel n'est pas le cas du jeune Delort, élève de M. Delaruelle, qui, après deux années d'études, a été l'élève le plus brillant et le plus capable. Il a reçu un diplôme de 4e année; *et cependant n'a pas été présenté au directeur du Théâtre par M. Pellet. Vu l'insuffisance des ressources de son père, ce jeune homme a dû retourner à Lassalle. Pourquoi donc fermer la carrière à ce sujet, qui promet un bel avenir?*

Je crois avoir dit que j'étais chargé de deux cours : celui de 6e année et celui de 1re année. Or, que doit faire un bon professeur dès le début? — Le devoir du maître, dans la 1re année, consiste à mettre l'archet en main, à conduire le bras droit pour faire les contours indispensables; pour le bras gauche, que le coude soit en

____

(1) Infériorité qui m'avait empêché de le produire l'année précédente.

dedans, le manche du violon appuyé à la chute de la troisième phalange de l'index, le pouce de la main gauche soutenant le manche et indiquant le premier ton sur chaque corde. Telle est l'épreuve que doit subir chaque élève à tour de rôle. Supposez que cette classe soit composée de dix élèves, jugez de la peine que doit se donner un bon professeur. Il faut ensuite parcourir les intervalles depuis les unissons jusqu'au dixième, et veiller à ce que l'archet soit parallèle au chevalet. Voilà quel doit être le travail d'une première année. Même après ce travail, rien ne prouve au professeur que son élève possède les conditions exigées pour devenir un bon violon, savoir : l'organisation, l'adresse du bras droit, le travail et surtout la connaissance de la musique vocale, *que malheureusement ne possèdent pas nos élèves du Conservatoire.* (1)

Dans la 2e année, le professeur, après trois mois de leçons, peut se prononcer. Et c'est ce qui est arrivé. J'ai signalé au directeur cette classe comme impossible, à l'exception de un ou deux élèves ; à chaque trimestre j'ai signalé l'insuffisance et le manque d'aptitude de mes élèves. Plusieurs fois le directeur me promit de les renvoyer. Il n'en fut rien. Je suis resté dans cette attente jusqu'au dernier examen de cette année, et la Commission a porté ce jugement : *Classe négligée et réitérée.* Y a-t-il eu préméditation ? J'ai le droit de le supposer. C'était dans cette hypothèse un prétexte qu'on était bien aise de faire naître. De plus, le Règlement exige que le directeur assiste à l'examen, et *il s'est bien gardé d'y paraître. En agissant ainsi il a violé lui-même l'article 8.*

Ce n'est pas tout. Le 25 août dernier je me rendis au Grau-du-Roi, auprès de M. Pellet, pour m'assurer si les bulletins trimestriels, qui lui signalaient la classe de 2e année comme impossible et nulle, avaient été enre-

(1) Bien que la classe de vocale soit faite par M. Pellet.

gistrés sur son livre, et s'il avait avisé de ce fait la Commission d'examen. M. le Directeur m'a répondu par l'affirmative , *et me l'a déclaré par un certificat.* Il a même ajouté que M. F. Martin avait fermé ledit livre, en disant que la Commission s'en assurerait par elle-même. M. Pellet me témoigna, en ce moment, un vif intérêt et parut fort étonné du rapport de la Commission, assurant que s'il s'était trouvé là, il aurait arrangé cette affaire à la satisfaction générale ; il ajouta même qu'il avait comme un soupçon que M. Comtat devait faire partie de l'orchestre du Théâtre, et que M. le Maire était.......... Il me répugne de dire ici de quels termes inconvenants et déplacés il s'est servi pour qualifier la conduite de notre premier magistrat municipal. A peine j'eus quitté M. Pellet qu'il dit à plusieurs personnes : *Je viens de faire un certificat à Rouais, mais je vais écrire au maire, en conséquence, pour neutraliser mon affirmation.* (1).

ECCE HOMO

Le 14 août, M. le Maire me donne connaissance du rapport de la Commission de surveillance. Ce rapport était basé sur deux arguments : l'un sur ce que je n'étais pas engagé au Théâtre, et l'autre sur ce motif que ma classe aurait été négligée.

Mon honneur étant ainsi mis en cause, je me transportai à la campagne de M. le Maire, où il se trouvait en ce moment, pour lui remettre ma réponse aux objections, ou plutôt aux accusations nullement motivées de ce rapport. Je n'eus qu'à me louer du bienveillant accueil de M. le Maire, lequel me promit d'étudier à fond cette question, qui parut le préoccuper vivement. Le public appréciera lui-même en connaissance de cause, et pourra porter son jugement, puisque toutes les pièces du débat passent sous ses yeux.

(1) Voir aux pièces justificatives n° 2.

Voici le texte de ma lettre :

« Monsieur le Maire,

» J'ai lu avec attention, et aussi avec surprise, le rapport fait par quelques membres de la Commission de surveillance du Conservatoire, qui conclut par une invitation à ma démission.

» Cette mesure, si elle était adoptée, porterait une atteinte grave à ma réputation intacte jusqu'ici, et ne tiendrait aucun compte de mes droits acquis. Mais j'ai la confiance, M. le Maire, que vous examinerez et pèserez, dans votre haute sagesse et avec votre bienveillante attention, les réponses nettes et précises qui, pièces en mains, détruisent de fond en comble les motifs sur lesquels est basée cette double accusation.

» Le premier reproche sur lequel passe rapidement M. le Rapporteur, est relatif à ma négligence dans mes leçons. Je prouve, par un certificat de M. Pellet, que les élèves qui composaient ma classe en 1878 étaient impossibles, ou pour mieux dire, nuls, soit qu'il y ait eu manque de travail, soit par suite d'absences trop fréquentes de la part de quelques-uns d'entr'eux.

» En 1879 j'ai voulu produire, au concert du 27 juillet, deux de mes jeunes élèves, âgés, l'un de six ans, l'autre de huit ans ; M. le Directeur s'y est opposé, jugeant qu'il y avait assez, et même trop, de morceaux de violon. L'exécution d'un joli morceau par mes deux plus jeunes élèves aurait attesté et prouvé des progrès réels.

» La seconde accusation qu'on fait peser sur moi, c'est que je ne fais pas partie de l'orchestre.

» Rétablissons les faits :

» M. Allier étant directeur du Théâtre, M. Ginoux, adjoint et vice-président de la Commission, me dispensa alors d'être son pensionnaire, pour des motifs graves et majeurs. La preuve écrite est ci-jointe. (1)

» M. Montaubry m'offrit un prix trop minime, même dérisoire, que je dus refuser ; toutefois, je lui offris mon concours gratuit.

» M. Borsat ayant amené avec lui son violon-solo , n'eut pas besoin de mes services. Or, le 23 juillet 1879, j'appris par un ami qui avait assisté à cette conversation qu'on agitait la question de m'enlever mon poste de professeur au Conservatoire. Le 24 juillet dernier, je partis sur le champ pour Marseille où se trouvait le nouveau directeur du Théâtre, afin de m'assurer par moi-même s'il était vrai que mon poste eût été promis d'avance à M. Comtat, à l'insu de M. le Maire. M. Lafont fut avec moi franc et net : il m'affirma que son violon-solo n'était que conditionnellement son pensionnaire, c'est-à-dire, que tout autant qu'une place de professeur au Conservatoire lui serait assurée.

» Ici commence l'intrigue dont on veut me rendre victime :

» M. Lafont, dès son arrivée à Nîmes, m'avait demandé pour violon-solo, et, sans me consulter, on lui a répondu que je ne voulais plus faire partie de l'orchestre. Ce n'est pas là la vérité. Je n'avais donné à personne mission de répondre pour moi.

» Il existe à Nîmes une chambre de musique où M. Comtat tient la partie de premier violon. Quelques membres de la Commission, tenant à garder à Nîmes M. Comtat, lui ont promis mon poste ; de là l'intrigue si habilement nouée. En s'appuyant sur l'article 12 du règlement, ces quelques membres de la Commission qui ne savaient pas que je fais cette année partie de l'orchestre, ne craignent pas d'enlever son gagne-pain à un professeur qui a enseigné quatorze ans dans notre Conservatoire et qui a été vingt-cinq ans violon-solo au théâtre de Nîmes.

(1) Voir à la fin les pièces justificatives.

» Permettez-moi, Monsieur le Maire, de vous rappeler un fait. Il y a à peine quelques années, M. Levesque, violon-solo, fut amené par son directeur ; la commission d'alors s'opposa de toutes ses forces à ce que MM. Rouais et Delaruelle fussent écartés du Conservatoire, et M. Mourier, adjoint et vice-président de la Commission, recommanda surtout qu'on ne fît aucune peine à M. Rouais. C'était ses propres expressions. On prit un terme moyen, un troisième professeur de violon fut créé.

» Ne pourrait-on, cette année, faire ce qui a été fait il y a dix ans, c'est-à-dire créer un troisième professeur de violon, puisque quelques membres de la Commission tiennent tant à faire une position à M. Comtat ; c'est ce que votre haute sagesse décidera.

» En résumé, j'ai réfuté et complétement détruit les deux accusations contenues dans le rapport qui vous a été adressé. J'ajoute que je puis vous produire un excellent certificat, attestant qu'il est à la parfaite connaissance de MM. les membres de la Commission que je me suis acquitté de mes devoirs de professeur du Conservatoire avec zèle et intelligence, depuis sa création jusqu'à ce jour, et que mon enseignement n'a jamais donné lieu à aucun reproche. (1)

» Il n'y a donc pas lieu de m'enlever mon poste, puisque la Commission est satisfaite de mes longs services.

» Agréez d'avance, Monsieur le Maire, l'expression sincère de mes sentiments respectueux.

» Votre dévoué serviteur,

» J. ROUAIS.

» rue Saint-Luc, 6.

» Nîmes, le 5 septembre 1879. »

J'attendais avec impatience la décision qui serait prise et d'où dépendait ma carrière d'artiste, lorsque le 6 octo-

(1) Voir aux pièces justificatives n° 3.

bre je reçus de la mairie, à mon grand étonnement, la lettre ci-dessous :

« Monsieur,

» Je n'ai pas reçu de réponse à la communication que je vous ai faite à la date du 15 août dernier ; il ne me restait plus, dès lors, qu'à donner suite aux propositions qui ont fait l'objet du rapport de la Commission de surveillance du Conservatoire, dont je vous avais transmis copie. J'ai le regret de vous informer que j'ai dû pourvoir à votre remplacement, comme professeur de la classe de violon, à partir du 15 octobre prochain.

» Veuillez agréer, Monsieur, l'assurance de ma parfaite considération.

» *Le Maire de Nîmes,*

» LAURENT, adjoint. »

Surpris au dernier point, je répondis immédiatement par les quelques lignes suivantes :

« A M. Laurent, adjoint,

» J'ai reçu hier une lettre qui m'apprend que vous n'avez pas reçu de réponse à la communication qui m'a été faite le 16 août dernier. Je dois vous dire que j'ai répondu il y a plus d'un mois et que ma réponse, avec toutes les pièces justificatives, a été remise par moi-même à M. le Maire, à sa campagne de Jonquières, où je me suis transporté. J'ai répondu avec sincérité à tous les arguments du rapport de la Commission. Je serais bien aise d'apprendre que la Commission a été convoquée et a pris connaissance de ma réponse qui justifiait les deux accusations portées à tort contre moi.

» Agréez, Monsieur, l'expression de mes meilleurs sentiments.

» Votre dévoué serviteur, J. ROUAIS. »

L'affiche du Conservatoire m'a prouvé que j'avais été jugé et condamné sans appel, parce que j'aurais violé l'article 12 du règlement, mais j'ai entre les mains un certificat de MM. les membres de la Commission qui constate clairement que je n'ai point démérité. (1)

Pourquoi cet excès de rigueur et d'injustice? Je quitte ce Conservatoire que j'aimais, et à la prospérité duquel j'ai contribué pour une large part. Je suis le jouet et la victime d'une intrigue. M. Pellet est parvenu à son but : se débarrasser d'un professeur expérimenté. Je ne lui envie point cette gloire, ni celle de vivre, comme lui, de *l'autel* et du *théâtre*. Ma dignité d'artiste m'impose le devoir de dire ici un dernier adieu à mes chers élèves et à mes excellents collègues. Je regrette que l'administration communale, que je respecte et que je remercie du reste, ait cédé dans cette circonstance et sans examen aux obsessions de quelques membres de la Commission qui ont demandé brutalement mon remplacement. J'emporte, en quittant notre Conservatoire, l'assurance que je n'ai jamais failli à mes devoirs, aux lois de l'honneur, à l'estime et à l'affection des vrais artistes, mes confrères, et je laisse à quelques médiocrités musicales, jalouses et par trop encombrantes, l'odieux d'une mesure qui est vivement blâmée par tous ceux qui aiment les beaux-arts, la vérité et la justice. La sympathie qui m'a toujours environné et les plaintes fondées qui s'élèvent déjà contre mes détracteurs sont un témoignage suffisant de l'approbation des honnêtes gens et l'indice que l'opinion publique est pour moi et avec moi dans notre bonne ville de Nimes.

J. ROUAIS,

Ex-professeur du Conservatoire.

Nimes, ce 3 novembre 1879.

(1) Voir les pièces justificatives.

PIÈCES JUSTIFICATIVES

Monsieur Rouais,

J'ai reçu la lettre que vous m'avez fait l'honneur de m'écrire, à laquelle je m'empresse de répondre :

Je ne fais que rendre hommage à la vérité, en attestant que dans mon passage à la mairie, je fus appelé à mettre fin à un conflit existant alors entre M. Allié, directeur du Théâtre, et vous, comme professeur du Conservatoire de musique.

Le souvenir qui m'est resté de cette affaire : c'est que vous fûtes autorisé à ne pas devenir le pensionnaire de M. Allié, au Théâtre, tout en demeurant professeur au Conservatoire.

Vous me signalez des détails dans lesquels je ne puis entrer, ma mémoire ne les ayant retenus.

Veuillez agréer l'assurance de ma parfaite considération.

I. GINOUX
Ancien adjoint au maire de Nimes.
Nimes, le 24 août 1879.

Je déclare que M. Rouais, professeur au Conservatoire, m'a signalé, par trois bulletins trimestriels, ainsi qu'ils sont enregistrés sur les livres, que sa classe de deuxième année était composée d'élèves dont l'inaptitude n'était nullement secondée par le travail, et qu'à l'exception d'un ou deux élèves, tous les autres étaient impossibles.

Signé : PELLET
Grau-du-Roi, 26 août 1879.

Les soussignés, membres de la Commission du Conservatoire de musique de la ville de Nimes, attestent qu'il est à leur parfaite connaissance que M. J. Rouais et M. F. Delaruelle, ont toujours été de parfaite entente pour la prospérité des classes de violon, dont ils ont été les premiers fondateurs, et qu'ils se sont acquittés de leurs devoirs de professeurs, avec zèle, intelligence et dévouement, depuis la création de cet établissement jusqu'à ce jour ; que leur enseignement, aussi bien que leur conduite, n'ont jamais donné lieu à aucun reproche.

Ils sont donc heureux de pouvoir donner ici, à ces deux professeurs, bien connus de nous depuis longtemps, ce témoignage irrécusable de satisfaction.

En foi de quoi nous leur avons délivré, sur leur demande, le présent certificat

Nimes, le 5 août 1879.

Seize membres de la Commission ont signé.

E. Mouriès, ex-président de la Commission de musique. — Albin Michel, secrétaire de la Commission de musique. — Ernest Roussel, secrétaire de la Commission des Beaux-Arts, l'un des fondateurs du Conservatoire. — Sabatier, fondateur. — de Cray. — de Cabrière. — Béchard. — A. Nègre. — F. Martin. — Clauzel. — Pascal. — E. Vals. — F. Rigal. — P. Teulon. — H. Berger. — J. Placide.

Monsieur Rouais ,

En réponse à votre lettre de ce jour, par laquelle vous me proposez de faire partie de l'orchestre de Nimes, j'ai l'honneur de vous informer que j'ai, depuis longtemps, engagé M. Comtat en qualité de violon-solo et que la partie des premiers violons est complète. Cependant, vu mon désir de composer un orchestre convenable, je suis d'avis que les bons violons (et je vous crois du nombre) ne sont jamais de trop. En conséquence, j'accepte, en principe, votre proposition, et je pense que le public m'en saura gré.

Veuillez, Monsieur, venir régulariser la situation à mon arrivée à Nimes, par l'échange d'engagement.

En attendant, agréez mes cordiales salutations.

O. Lafont.

Marseille, le 24 juillet 1879.

Nimes, imp. Roger et Laporte, place Saint-Paul.